Bericht

der

Minorität der Zweiten Kammer.

Session vom 21. November 1850 bis zum 9. Mai 1851.

Manuscript.

Berlin.
In Commission bei Veit & Comp.
1851.

Auswärtige Politik.

Als die Kammern am 21. November vorigen Jahres zusammentraten, befand sich der preußische Staat in einer verhängnißvollen Lage.

Für die Politik Preußens in Deutschland ist uns der Gedanke Friedrichs des Großen stets maßgebend gewesen, daß Preußen durch den Anschluß der kleineren deutschen Staaten verstärkt werden müsse, wenn es zu einer soliden Macht neben den Großmächten, von welchen es umgeben ist, gelangen soll. Andererseits können auch die kleineren deutschen Staaten nur durch eine enge Verbindung mit Preußen zu derjenigen staatlichen Kraft und Geltung gelangen, welche jedes gebildete und ehrliebende Volk zu verlangen berechtigt ist.

Der deutsche Bundesstaat ist eben so sehr ein preußisches als ein deutsches Bedürfniß.

In der vorigen Session hatte das Ministerium die Errichtung dieses deutschen Bundesstaats für das Hauptziel seiner Politik erklärt, unsererseits waren alle hierauf gerichteten Bestrebungen desselben lebhaft unterstützt worden.

Die Verfassung des Bundesstaats, welche Preußen und die mit Preußen verbündeten Regierungen dem deutschen Volke dargeboten hatten, war von dem Parlament zu Erfurt mit allen Veränderungen, welche die preußische Regierung wünschte, angenommen und damit zu rechtskräftiger Geltung erhoben worden. Dennoch führte das preußische Ministerium diese Verfassung nicht ins Leben. Aber sie wurde auch nicht aufgegeben.

Man ließ den Gegnern Zeit, ihre Pläne zur Reife zu bringen, man trat denselben nicht rechtzeitig und nachdrücklich entgegen und steigerte dadurch ihre Forderungen und ihre Kühnheit.

Die Beleidigungen, welche Preußen von Oesterreich und Hannover erfuhr, indem diese den Verbündeten Preußens, den badischen Truppen, den Durchzug durch Mainz und die preußische Etappenstraße verweigerten, blieben ungeahndet.

Dem Zusammentreten des Bundestages, den Vorbereitungen zur Exekution in Hessen, welche in Wahrheit gegen Preußen gerichtet war und sogar dem Bundesrecht, welches man geltend zu machen vorgab, widersprach, sah das preußische Ministerium nicht nur ruhig zu — der Kriegsminister entließ auch die ausgedienten Mannschaften der Armee.

Selbst als Oesterreich, Baiern und Würtemberg am 12. Oktober vorigen Jahres beschlossen, 200,000 Mann gegen Preußen ins Feld zu stellen, versäumten die Räthe der Krone den Staat in Kriegsbereitschaft zu setzen, obwohl die Kammern in der vorigen Session 18 Millionen für solche Eventualitäten im Voraus bewilligt hatten.

Ja als die österreichischen Truppen in Böhmen bereits zu einer bedeutenden Armee angewachsen, als die Baiern bereits in Hessen eingerückt waren, beschloß das Ministerium am 2. November — die Armee nicht mobil zu machen.

Bei Eröffnung der Kammern war die Armee zwar in der Rüstung begriffen, aber unsere Truppen waren in Hessen auch bereits wieder zurückgezogen worden. Noch schien kein entscheidender Entschluß gefaßt zu sein — die Kammern hatten ihr Votum in die Wagschaale zu werfen.

Preußen hatte sich vor dem Rücktritt des Herrn v. Radowitz zu jedem billigen Austrag bereit erklärt. Es hatte nachgegeben von der Ausführung der Unionsverfassung bis dahin Abstand zu nehmen, daß die Verfassung des Bundes aller deutschen Staaten auf freien Conferenzen geordnet sei, es hatte nachgegeben, die hessische wie die schleswig-holsteinische Frage in gemeinsamer Berathung mit Oesterreich lösen zu wollen.

Griff Oesterreich nach solchen Zugeständnissen an, so waren wir in gerechter Abwehr.

Noch weiter durfte nach unserer Ansicht unmöglich zurückgegangen werden. Wir konnten die gerechte Sache Schleswig-Holsteins, für welche wir zweimal Krieg geführt, dem Belieben Oesterreichs nicht preisgeben, wir konnten die widerrechtlichen Forderungen Oesterreichs und Baierns, in Hessen zu interveniren, um die Hessen für ihr treues Festhalten an der Union zu bestrafen, nicht zugestehen. Preußen durfte von der Union auf den Befehl Oesterreichs nicht abstehen, Preußen durfte keine Intervention zwischen seinen Provinzen und im Rücken des Staats zulassen, Preußen durfte den Drohungen des bewaffneten Oesterreichs nicht Folge leisten, wenn es sich nicht selbst als eine Macht von gleichem Range und selbstständigem Ansehen vernichten wollte.

Wir hatten Grund zu glauben, daß der ernste Entschluß Preußens, den Krieg aufzunehmen, daß eine rasche und kräftige Kriegsbereitschaft noch jetzt den Krieg verhüten werde. Es war bekannt, daß weder die österreichische Armee in allen Theilen zuverlässig, noch die Finanzen Oesterreichs hinreichend ergiebig seien. Wenn wir den inneren Zustand seiner Länder ins Auge faßten, mußten wir uns überzeugen, daß die Kräfte durchaus nicht so ungleich vertheilt wären, um Preußen unterliegen zu lassen. Unsere Sache war endlich nicht die Sache Preußens allein, sie war die der deutschen Nation.

Die freudige Bereitschaft, die Begeisterung, mit welcher das preußische Volk zu den Waffen eilte, von welcher jeder der eintreffenden Abgeordneten Zeugniß ablegte, bestärkte uns in unserer Entschließung. Wir glaubten die Verantwortung übernehmen zu müssen, für die Vertheidigung der preußischen Macht und „zur Behauptung der Preußen gebührenden Stellung in Deutschland" Gut und Blut der Nation dem Könige zur Verfügung zu stellen.

Diesen Entschluß hatten wir in der Antwort auf die Thronrede Sr. Majestät auszusprechen.

Die Nichtvollendung der zu spät begonnenen Rüstungen gab dem Ministerium einen leider nicht wohl abzuweisenden Grund, die Verhandlungen der Adreßkommission aufzuhalten.

Der Minister des Auswärtigen verweigerte außerdem in dieser Krisis des Staats eine eingehende Aufklärung über die Lage der Dinge zu geben oder die Aktenstücke der Unterhandlung mit Oesterreich der Kommission vorzulegen. Die Adresse mußte endlich ohne Einsicht derselben entworfen werden.

Da der Entwurf der Majorität der Kommission unsere Ansicht nicht so scharf und bestimmt ausdrückte, wie es die Pflicht gegen den Thron und das Land und der Ernst der Situation uns zu erfordern schienen, brachten wir einen eigenen Entwurf ein.

Wir drückten in diesem die Zuversicht aus, daß Se. Majestät „in treuem Festhalten an den übernommenen Verpflichtungen die Ehre Preußens suchen, den wiederholten Verheißungen, die Rechte Schleswig=Holsteins stützen zu wollen, entsprechen und jede unbefugte Einmischung in Hessen zurückweisen werde."

Unsere Mühe war vergebens gewesen. Am Abend vor dem Beginn der Berathung über diese Entwürfe erhielten wir Kunde von dem Vertrag, welchen der Minister des Auswärtigen inzwischen zu Olmütz abgeschlossen hatte. Das bewaffnete Preußen sollte sich dem Willen des bewaffneten Oesterreich fügen. Nicht bloß die Intervention Oesterreichs in Hessen und Holstein hatte Herr von Manteuffel zugegeben, es war auch die Räumung Hessens zugestanden, es war Preußens Theilnahme an der Ausführung jener ausdrücklich gegen Preußen gefaßten sogenannten Bundesbeschlüsse für Hessen und Holstein zugesagt worden. Herr von Manteuffel hatte der Union völlig entsagt, ohne die Aufhebung des Bundestages zu erlangen — er hatte nichts erlangt als Konferenzen über die neue Gestaltung der deutschen Verfassung, ohne irgend eine bindende Basis für dieselben; ein Zugeständniß, welches für Preußen nur noch Gefahren bringen konnte, da die Union nicht mehr bestand und man sich eben auf dem Felde der Thatsachen hatte überwinden lassen. — Wir waren in vollständiger Unkenntniß der Thatsachen erhalten worden. Erst später erfuhren wir durch eine Note des Fürsten Schwarzenberg, daß Herr von Manteuffel schon am 3. November das Einschreiten Oesterreichs in Hessen und Holstein zugegeben, daß er am 15. November bereits die Union aufgegeben hatte, daß es sich seit unserem Zusammentreten nur noch um die Räumung der von Preußen besetzten Etappenstraßen in Hessen handelte.

Unser früherer Entwurf der Adresse war den völlig veränderten Umständen nicht mehr angemessen.

Wir hatten jetzt einfach auszusprechen, „daß wir durch die Verabredung von Olmütz das Recht der edeln deutschen Stämme von Kurhessen und Holstein Angesichts des in Waffen stehenden preußischen Volkes preisgegeben, Sr. Majestät weise und hochherzige Bestrebungen, dem deutschen Vaterlande eine seiner Würde und Geltung entsprechende Verfassung zu erringen, auf lange Zeit wo nicht für immer vereitelt erachteten, daß die Ehre Preußens verletzt, seine Machtstellung verkannt sei, und eine Zukunft vor=

bereitet werde, in der die höchsten Güter der Nation auf das Aeußerste gefährdet erschienen.“ Angesichts dieser Sachlage vereinigten wir uns in der Bitte, „daß es Sr. Majestät gefallen möge, dem System ein Ende zu machen, durch welches das Land in diese verhängnißvolle Lage gebracht sei, und dessen Träger die gegenwärtigen verantwortlichen Rathgeber der Krone seien.“

Der Minister des Auswärtigen vertheidigte den Abschluß der Convention von Olmütz damit, daß kein Grund zum Kriege vorhanden gewesen sei.

Für uns war die Aufstellung von 130,000 Oestreichern in Böhmen kein Grund, Preußen den Forderungen Oestreichs zu unterwerfen, und die preußischen Truppen vor den Baiern aus Hessen zurückzuziehen.

Es kam darauf an, ob man zulassen wollte, was seit der Gründung des preußischen Staates durch Kurfürst Friedrich Wilhelm nicht zugelassen worden war, die Entfaltung einer östreichischen Truppenmacht im nördlichen Deutschland; ob man zulassen wollte, daß Oestreich Preußens Einfluß an der Niederelbe vernichtete; ob man zulassen wollte, daß Oestreich die entscheidende Macht auch in Norddeutschland würde?

Es kam darauf an, ob Oestreichs Wille in Deutschland allein gelten und Preußen zu einer untergeordneten Macht herabsinken sollte?

Es war die Machtfrage Preußens in Deutschland, welche zur Entscheidung stand.

Wir zogen die Abwehr der Unterwerfung vor.

Niemand war damals in der Kammer, der es unternahm, die Politik des Ministeriums zu vertheidigen. Nur die neupreußische Partei begrüßte jubelnd den Fall der Union; obwohl diese Umwandlung der preußischen Politik im Sinne der Reaction auf Kosten der Macht und des Ansehens Preußens durch das Ausland erzwungen war.

Das Ministerium sah seine Niederlage voraus und vertagte die Kammern auf vier Wochen. Herr von Manteuffel rechnete auf die Nachgiebigkeit einer ziemlich zahlreichen Partei in der Kammer, des Centrums oder der sogenannten Konservativ-Konstitutionellen, welche von den Herren von Bodelschwingh und Geppert geführt, die Entscheidung der Abstimmungen in der Hand hatten.

Indeß wendete sich der Gang der Dinge während der Vertagung nicht zum Bessern. Herr von Manteuffel vermochte es nicht, die Convention von Olmütz zur Ausführung zu bringen. Der preußische Kommissar hatte es in Hessen vergebens versucht, sein Recht gegen den Bundeskommissar geltend zu machen — dennoch hatten die preußischen Truppen Hessen geräumt. Auf den angeblich freien Dresdener Conferenzen hatte Oestreich das Präsidium usurpirt. Als wir wieder zusammentraten, mußten wir versuchen, die immer weiter abwärts rollenden Geschicke Preußens aufzuhalten.

Aber das Centrum der Kammer war entschlossen, die vollendeten Thatsachen anzuerkennen. Diese Partei war so besorgt für das Ministerium, obwohl sie dessen Politik zu mißbilligen versicherte und wirklich mißbilligte, daß sie dasselbe sogar vor den Unannehmlichkeiten jeder weiteren Debatte der auswärtigen Politik sicher zu stellen Bedacht nahm.

In einem Augenblick, wo die umfassende Darlegung der Lage Preußens und der Politik des Ministeriums, wo ein kräftiges Votum der Kammer unsäglich viel Unheil verhüten konnte, ging die Majorität am 7. Januar (146 Stimmen gegen 142) über die Geschicke Preußens ohne Diskussion zur einfachen Tagesordnung über.

Dieser parlamentarische Erfolg verfehlte seine Wirkung nicht. Neue Nachgiebigkeiten gegen Oestreich waren die Folge.

Obwohl die Statthalterschaft von Schleswig-Holstein sich den Forderungen des Bundesbeschlusses vom 25. Oktober unterworfen hatte, obwohl die Convention von Olmütz nichts weiter verlangte, als diese Unterwerfung; obwohl der preußische wie der östreichische Kommissar in Kiel in völlig rechtsverbindlicher Weise zugesagt hatten, daß keine Exekutionstruppen in Holstein einrücken würden, was sich überdies nach der Unterwerfung von selbst verstand, beachtete Herr von Manteuffel diese Stipulationen nicht, wie er in Olmütz die Bedingungen, welche Preußen selbst im Frieden vom 2. Juli den Dänen aufgelegt hatte, unbeachtet gelassen hatte.

Dies geschah nicht zum Vortheil Preußens, sondern zu Gunsten des östreichischen Kabinets, welches dadurch in den Stand gesetzt wurde, 20,000 Mann nach Holstein zu schicken.

Da dieses Corps nicht nach Holstein kommen konnte ohne

die Elbe zu überschreiten, mußten preußische Pioniere demselben eine Brücke bauen.

Der preußische Minister des Auswärtigen übergab endlich auf den Wunsch Oesterreichs nicht blos die Festung Friedrichsort, welche den Eingang zum Kieler Hafen beherrscht, sondern auch das Kronwerk von Rendsburg, welches unzweifelhaft zum deutschen Bundesgebiet gehört, wider die Zusagen der Kommissare den Dänen.

In Dresden gab Herr von Manteuffel nach dem Ausweis veröffentlichter und unwiderlegter Aktenstücke seine Zustimmung zur Errichtung einer Centralbehörde des deutschen Bundes, welche Preußen Oesterreich und den mit ihm verbündeten Königreichen unterordnen mußte; er gab seine Zustimmung zu dem Eintritt Gesammt-Oesterreichs in den deutschen Bund, welcher das Uebergewicht Oesterreichs für Preußen erdrückend machen mußte.

Wir durften nach dem Verhalten der Majorität, welche durch ihr Eintreten für das Ministerium die Verantwortlichkeit für diese folgenschweren Ereignisse mit übernommen hatte, kaum erwarten, daß es uns gelingen werde, der unheilvollen Politik des Herrn von Manteuffel Einhalt zu thun, aber es schien einem Theil unserer Partei darum nicht minder Pflicht gegen das Land, alle uns zu Gebote stehenden Mittel zu erschöpfen. Wir beschlossen von dem Rechte Gebrauch zu machen, welches die Verfassung den Kammern einräumt und beantragten „einen Ausschuß von 28 Mitgliedern zur Untersuchung der Lage des Landes zu ernennen."

Am 7. Februar war der Antrag eingebracht worden, die Majorität verzögerte die Verhandlung desselben bis zum 8. März.

Herr von Manteuffel erklärte, daß „die Bloslegung der innern Lage des Landes die Kraft Preußens nicht stärken könne, die Kammer möge dem In- und dem Auslande beweisen, daß Preußen durch Eintracht stark sei."

Dagegen wurde unserer Seits geltend gemacht: daß ein Land sich selbst seine Schäden darum nicht verbergen dürfe, damit das Ausland sie nicht bemerke, wir meinten, daß ein Staat sich noch niemals von tiefem Falle durch stilles Dulden einer mindestens unfähigen Leitung erhoben habe, daß die Eintracht mit verderblichen Rathschlägen vollends ins Verderben stürzen müsse.

Die Kammer ging mit großer Majorität zur einfachen Tagesordnung über und die Niederlagen Preußens in Hessen und Dresden gingen ihren Weg.

Wir zogen die auswärtige Politik noch einmal vor unser Forum, als es sich um die Rechenschaftslegung des Ministeriums über jene 18 Millionen handelte, welche wir in der vorigen Session zur Aufrechthaltung der Unionspolitik bewilligt hatten. Jene Summe war von uns in gutem Glauben für die Durchführung der Union bewilligt worden. Die Union war nicht durchgeführt worden, weder zur Durchführung derselben, noch zu einem Versuche dieser Art waren jene Geldmittel verwendet worden; wir konnten also unmöglich anerkennen, daß diese Gelder „ihrer Bestimmung gemäß" verwendet worden seien.

Es handelte sich ferner darum, die außer dieser Summe erforderlichen verausgabten Kosten für die Mobilmachung im Betrage von 14 Millionen, welche die Kommission der Kammer auf 11½ Million herabgesetzt hatte, nachträglich zu bewilligen.

Niemand von uns tadelte, daß die Armee überhaupt mobil gemacht worden war, aber wir beklagten, daß dies zu spät geschehen sei, daß man die Kosten der Rüstung dem Staate auferlegt hatte, ohne dadurch den geringsten Erfolg zu erlangen. Einige von uns hielten dafür, daß die Bewilligung unter scharfer Verwahrung der Rechte der Kammer auch unsererseits ausgesprochen werden müsse, da es sich um nachträgliche Bewilligung einer bereits verausgabten Summe handle, deren Verweigerung auf einzelne Landestheile und Staatsbürger fallen werde, welche die zu vergütenden Lieferungen in gutem Glauben geleistet hatten. Andere meinten, daß die Versagung der nachträglichen Genehmigung diesem Ministerium gegenüber im Sinne des constitutionellen Staatsrechts geboten sei.

Alle waren der Meinung, daß die enormen für die Mobilmachung verwendeten Summen „ohne Zweck und Erfolg" verausgabt seien, daß die Unterwerfung unter den Willen Oesterreichs für 30 Millionen zu theuer erkauft sei, und daß die Konvention von Olmütz billiger zu haben gewesen wäre.

Der Minister des Auswärtigen vertheidigte sich damit, daß „Konsequenz nicht das höchste Maaß der Weisheit sei, daß wechselnde Ereignisse wechselnde Entschlüsse bedingten, daß man sich besserer Einsicht nicht verschließen dürfe."

Wir waren bisher der Ansicht gewesen, daß der auswärtige Minister Preußens die Aufgabe habe, die Ereignisse zu leiten, nicht sich von ihnen leiten zu lassen und daß die Erwerbung besserer Einsicht — mit der die beispiellose Inkonsequenz des Ministeriums gerechtfertigt werden sollte, der Uebernahme und Führung des Ministeriums billig vorausgehen müsse. Unmöglich kann doch dem Lande zugemuthet werden, die Kosten eines solchen Unterrichts zu tragen.

Hatte der Minister des Auswärtigen bei einer andern Gelegenheit erklärt, daß die Protokolle der Unterhandlungen zwischen den Statthaltern von Schleswig-Holstein und den Kommissaren Oesterreichs und Preußens von diesen Kommissaren nicht genehmigt seien, eine Behauptung, von deren Unrichtigkeit er durch die öffentliche Erklärung des Protokollführers überführt worden war, so versicherte er uns jetzt zwei Mal, daß die Unionsverfassung bereits am 8. Oktober mit allseitiger Zustimmung für unausführbar erklärt worden sei, während das Protokoll des Fürstenkollegiums von jenem Tage nur sagt, „daß die Ausführung der Unionsverfassung bis zum Abschluß der Verhandlungen über die Verfassung des weitern Bundes suspendirt bleiben solle.“

Dagegen erklärte der Minister des Auswärtigen, in derselben Debatte nicht antworten zu wollen, als er von unsrer Seite zweimal aufgefordert wurde, die öffentlich erhobene Anklage zu widerlegen, daß er den Generalen von Peucker und Thümen unrichtige Vollmachten ausgestellt habe.

Die Majorität der Kammer war nicht zu erschüttern. Sie erklärte mit 166 gegen 106 Stimmen, daß jene 18 Millionen ihrer Bestimmung gemäß verwendet seien und bewilligte die anderweit geforderte Summe von 11½ Millionen.

So laut die Thatsachen sprechen, so oft und so scharf wir sie auch hervorgehoben haben, es ist uns nicht gelungen, eine Aenderung in der Politik der Kammern, geschweige denn in der des Ministeriums zu bewirken. Nur den Erfolg haben wir erreicht, daß wir die Solidarität mit einer Staatsleitung abgelehnt haben, welche so unheilvolle Früchte für das Land gebracht hat und ferner bringen wird, daß wir die Verantwortung für das, was geschehen ist, denen mit aller Entschiedenheit zugewiesen haben, welchen sie gebührt — dem Ministerium des Herrn von Manteuffel und der Partei des Herrn von Bodelschwingh!

Handhabung der Verfassung.

Je trauriger die Erfolge der auswärtigen Politik der Regierung waren, um so mehr durfte man erwarten, daß eine verfassungstreue Leitung der innern Angelegenheiten das Land entschädige. Je weniger die Lage, in welche der preußische Staat durch das herrschende System versetzt war, das Gefühl der Kammern für Preußens Ehre und Größe befriedigen konnte, um so dringendere Veranlassung hatte die Vertretung des Volkes die Verfassung des Landes zu wahren und Eingriffe in dessen Rechte zurückzuweisen.

Der Gang der Dinge zeigte das Gegentheil.

Die Verfassung setzt fest, daß „alle Einnahmen und Ausgaben des Staats für jedes Jahr im Voraus auf den Staatshaushalts-Etat gebracht werden müssen," daß „dieser jährlich durch ein Gesetz festgestellt wird", daß „Steuern und Abgaben für die Staatskasse nur insoweit sie in den Haushalts-Etat aufgenommen sind, erhoben werden dürfen" (§§. 99. 100.); wogegen der Artikel 109 die Forterhebung der bestehenden Steuern und Abgaben vorschreibt.

Von Seiten der Regierung war in der vorigen Session durch den Mund des damaligen Ministers des Innern versichert worden, daß nach diesen Bestimmungen zwar die einmal bestehenden Steuern weiter erhoben werden könnten, daß die Regierung aber nicht berechtigt sei, die eingegangenen Gelder ohne Genehmigung der Kammern zu verausgaben. Es sei damit ein überaus wünschenswerther Zustand hergestellt, indem einer Seits die Steuerpflichtigen nicht in etwa zwischen der Vertretung und der Staatsregierung entstehende Konflikte durch eine Steuerverweigerung hineingezogen und anderer Seits den Kammern doch ein ausreichender Einfluß auf die Verwaltung durch die Verweigerung der **Ausgaben** gesichert bleibe.

Während der vierwöchentlichen Vertagung der Session erließ das Ministerium am 16. Dezember 1850 eine Verfügung, in welcher erklärt wurde, daß aus dem Artikel 109 der Verfassung, der die Forterhebung der Steuern zugestehe, „die Befugniß, diese Steuern zu den Staatsbedürfnissen zu verwenden", von selbst folge. Was für unzweifelhaftes und dringendes Staatsbedürfniß zu erachten sei, darüber habe jeder Verwaltungschef innerhalb seines Departements zu entscheiden, für die Nothwendigkeit der bereits in dem Etat des vorigen Jahres aufgeführten und von den Kammern bewilligten Ausgaben der laufenden Verwaltung (ordinarium) spreche die Vermuthung; andere Ausgaben sollten geleistet werden, wenn eine rechtliche Verpflichtung zur Zahlung vorhanden sei, oder ein wichtiges Staatsinteresse vorläge."

In dieser den Bestimmungen der Verfassung über den Staatshaushalt völlig widersprechenden Stellung befand sich das Ministerium, als die Session am 3. Januar wieder eröffnet wurde. Hätte dasselbe sofort eine vorläufige provisorische Verlängerung des vorjährigen Budgets, bis zur Vereinbarung des neuen verlangt, so würde die unverfassungsmäßige Lage der Regierung durch die unzweifelhafte Zustimmung der Kammern wenigstens auf die kürzeste Frist beschränkt worden sein.

Auch dies unterblieb. Wir durften nicht unterlassen, diesen Zustand der Dinge wiederholt zur Sprache zu bringen, waren aber außer Stande früher einen Beschluß herbeizuführen, als die Budgetkommission ihren Bericht über den Staatshaushalt des Jahres 1851 erstattete.

Unserer Seits wurde nun durch den Abgeordneten Simson eine Resolution der Kammer beantragt, „daß das Staatsministerium vor der gesetzlichen Feststellung des Staatshaushaltsetats nach Art. 99 der Verfassung nicht berechtigt sei, für das mit dem 1. Januar 1851 begonnene Etatsjahr Ausgaben anweisen und leisten zu lassen."

Die Sachlage war klar und unwiderleglich. Die Vertheidiger des Ministeriums konnten sich nur auf die faktische Nothwendigkeit beziehen, in der sich die Regierung am 1. Januar befunden habe, Geld ausgeben zu müssen; aus welcher wir nur die Nothwendigkeit folgern konnten, sich dazu rechtzeitig in den Stand setzen zu lassen. Die Regierung hätte die Kammern vor dem 21. November berufen können — am wenigsten aber die spät einberufenen am 3. Dezember wieder vertagen sollen.

Die energisch geführte Debatte brachte das Ministerium in Gefahr, eine Niederlage zu erleiden. Der Finanzminister versuchte durch eine Erklärung über den Erlaß vom 16. Dezember die Kammer zu beruhigen.

„Das Staatsministerium habe", so sagte der Finanzminister, „im Dezember vorigen Jahres auf seine alleinige Verantwortlichkeit den Beschluß gefaßt, die zur regelmäßigen Fortführung der Staatsverwaltung erforderlichen Ausgaben auch für das Jahr 1851 leisten und bei Beurtheilung der Nothwendigkeit der laufenden Ausgaben den für das Jahr 1850 genehmigten Etat als Anhalt dienen zu lassen. Durch diesen Beschluß hätten in keiner Weise die verfassungsmäßigen Rechte der Kammer in Bezug auf die Feststellung des Etats beeinträchtigt werden sollen. Die Regierung habe überhaupt durch jenen Beschluß über ein Prinzip den Kammern gegenüber nicht entscheiden wollen."

Obwohl der Minister hinzusetzte, daß „dieser Beschluß mit Recht als eine innere Angelegenheit der Verwaltung bezeichnet worden sei," so genügte diese Erklärung doch, um die Fraktion Bodelschwingh vollständig zu befriedigen. Ein Theil derselben verlangte nun die einfache Tagesordnung über unsern Antrag und erst als diese gefallen war, brachte ein anderer Theil des Centrums folgende motivirte Tagesordnung ein: „In Erwägung, daß durch die Erklärung des Ministeriums jede Besorgniß einer die Rechte der Kammer beeinträchtigenden Interpretation des Art. 99 der Verfassung beseitigt und demnach der Antrag des Abg. Simson in seinem wesentlichen Zwecke als erledigt zu betrachten sei, geht die Kammer zur Tagesordnung über."

Mit 150 gegen 147 Stimmen wurde dieser Antrag angenommen.

Damit war das Recht der Kammer wenigstens für die Zukunft formell gewahrt und ein Präcedenzfall verhütet, welcher die Regierung in den Stand setzen konnte, die ohnehin geringe Einwirkung der Kammern auf die Einnahmen und Ausgaben des Staats völlig zu beseitigen.

War der Grundsatz der Verfassung in diesem Falle wenigstens gerettet worden, so gelang uns dies nicht in Bezug auf eine noch wichtigere Bestimmung des Grundgesetzes.

Das Staatsschuldengesetz vom 17. Januar 1820 schreibt vor, „daß kein Staatsschuldendokument creirt werden könne ohne Zuziehung der Reichsstände.“ Das Patent vom 3. Februar 1847 verordnet, „daß im Kriegsfalle, wenn die Einberufung des vereinigten Landtages unmöglich sein sollte, die ständische Mitwirkung zur Beschaffung des außerordentlichen Geldbedarfs durch Zuziehung der ständischen Deputation für das Staatsschuldenwesen zu ersetzen sei.“ Der Artikel 103. der Verfassung bestimmt: „Die Aufnahme von Anleihen für die Staatskasse findet nur auf Grund des Gesetzes Statt. Dasselbe gilt von Uebernahme von Garantieen zu Lasten des Staates.“

Diesen grundgesetzlichen Bestimmungen gegenüber, octroyirte die Regierung neun Tage vor unserem Zusammentreten am 12. November eine Verordnung über Kriegsleistungen, durch welche den Kreisen und Gemeinden, wie einzelnen Staatsbürgern, große Lasten auferlegt wurden, zu deren theilweiser Vergütigung verzinsliche Bons ausgestellt werden sollten und ausgestellt wurden.

Nach unserer, wie wir meinen, schwer zu widerlegenden Auffassung übernahm die Regierung damit eine Garantie zu Lasten des Staats, nach unserer Auffassung contrahirt die Regierung mit der Uebernahme jeder nicht durch das Budget gedeckten Zahlungsverbindlichkeit eine Staatsschuld, nach unserer Auffassung waren die mit vier Procent zu verzinsenden Bons Staatsschuldendocumente.

Die Regierung stützte ihr Verfahren auf den Artikel 63. der Verfassung: „Nur in dem Falle, wenn die Aufrechthaltung der öffentlichen Sicherheit oder die Beseitigung eines ungewöhnlichen Nothstandes es dringend erfordert, können, insofern die Kammern nicht versammelt sind, unter Verantwortlichkeit des gesammten Staatsministeriums, Verordnungen, die der Verfassung nicht zuwider laufen, mit Gesetzeskraft erlassen werden. Dieselben sind aber den Kammern bei ihrem nächsten Zusammentritt zur Genehmigung sofort vorzulegen.“

Dieser Artikel giebt mithin der Regierung in besonders bezeichneten Fällen ausnahmsweise und provisorisch eine legislative Befugniß, er giebt derselben keine Befugniß Schulden zu contrahiren, Anleihen zu machen, Garantieen zu übernehmen, dem Staate Lasten und damit den Staatsbürgern Steuern zur Verzinsung und Tilgung solcher Schulden aufzulegen.

Aber selbst zugegeben, daß der Artikel 63. der Regierung auch so exorbitante finanzielle Befugnisse beilegte, er beschränkt jene Befugniß auf Verordnungen, „welche der Verfassung nicht zuwider laufen.“

Die Vorschriften der Verordnung vom 12. November liefen den Bestimmungen der Verfassung entgegen.

Wie bei der Vertheidigung des eigenmächtigen Verfahrens der Regierung bei der Leistung unbewilligter Ausgaben, bezog man sich auch hier auf die unabweisliche Nothwendigkeit, daß zur Ausrüstung und Unterhaltung der Armee die nöthigen Mittel hätten herbeigeschafft werden müssen; woraus wir wiederum nur die Nothwendigkeit folgern konnten, die Kammern rechtzeitig zu diesem Behufe einzuberufen.

Wenn unsre Gegner ferner behaupteten, daß das Recht des Krieges, welches die Verfassung dem Könige beilegt, auch selbstverständlich das Recht umfasse, sich in Besitz der für die Kriegsführung erforderlichen Mittel zu setzen, so leugneten sie damit das Wesen des constitutionellen Staats, welches darin besteht, daß das Recht der Regierung durch die Rechte der Regierten begränzt ist, daß der Executivgewalt das Recht der Steuerbewilligung (in Preußen der Ausgabebewilligung) gegenübersteht. Die Nothwendigkeit, die Mittel der Kriegführung von den Ständen verlangen zu müssen, bietet gegenüber dem Rechte des Krieges und Friedens auf Seiten der Regierung die Garantie, daß kein Krieg gegen die Interessen und den Willen des Volkes unternommen werden kann.

Wir beantragten sonach: „daß der Erlaß vom 12. November 1850 nicht dringlich sei und daß derselbe der Verfassung zuwiderlaufe.“

Aber die Majorität verwarf nicht allein diesen Antrag (mit 159 Stimmen gegen 105), sie erkannte nicht blos die Dringlichkeit der Verordnung an und sprach damit ihre Zustimmung zu dem Verfahren der Regierung aus, sondern verwandelte diese Verordnung auch in ein Gesetz, welches der Regierung für alle Zukunft dieselbe Befugniß ertheilt, welche sie sich in der Verordnung vom 12. November 1850 eigenmächtig beigelegt hatte.

Der Artikel 13 dieses neuen von beiden Kammern genehmigten Gesetzes sagt: „Ueber die für Kriegsleistungen zu gewährenden Vergütigungen stellt der Staat Anerkenntnisse aus, welche om ersten Tage des auf die Lieferung folgenden Monats mit ier Prozent verzinset werden."

Daß die übrigen Vorschriften dieses Gesetzes durch unsere Nitwirkung gerechter und billiger gefaßt wurden, als in der ctroyirten Verordnung konnte uns nicht darüber beruhigen, daß ie Majorität der Kammer der Regierung für jeden Fall, in velcher es ihr gut scheinen wird, die Armee zu rüsten, in klaem Widerspruch mit der Verfassung die Befugniß ertheilt hatte, uf ihre Hand Staatsschuldendocumente auszustellen und zu erzinsen und damit die Rechte des Landes hinter das Patent om 3. Febr. 1847 und das Staatsschuldengesetz vom 17. Jauar 1820 zurückgedrückt hatte.

Es blieb uns kein anderes Mittel übrig, als gegen Beschlüsse dieser Art Protest einzulegen. Wir erklärten, daß wir „den Art. 13 des neuen Gesetzes über Kriegsleistungen und deen Vergütigung für unvereinbar erachteten mit der Verfassung om 31. Jan. 1850, insbesondere mit Art. 99, 103 und 104 erselben, daß darum eine Bestimmung wie die des Art. 13 icht nur nicht auf den Grund des Art. 63 von der Staatsregierung einseitig erlassen, sondern auch durch die Zustimmung er Kammern nicht zu gesetzlicher Wirkung erhoben werden önne." —

Eine andere Verletzung der Verfassung hatte sich die Regieung durch den Erlaß der Preßordonanz vom 5. Juni 1850 zu Schulden kommen lassen.

Der Artikel 27 der Verfassung sagt: „Jeder Preuße hat das Recht, durch Wort, Schrift, Druck und bildliche Darstellung seine Meinung frei zu äußern. Die Censur darf nicht eingeführt verden, jede andere Beschränkung nur im Wege der Gesetzgebung."

Als dieser Artikel in der vorigen Session festgestellt wurde, war es nicht die Meinung gewesen, wie nirgend in der Verfassung, wo des G e s e t z e s oder der G e s e t z g e b u n g Erwähnung geschah, daß der Regierung das Recht eingeräumt sein solle, mit jener exceptionellen Befugniß der V e r o r d n u n g e n, welche der Art. 63 dem Staatsministerium für gewisse Fälle einräumt, in das Gebiet der Presse einzugreifen. Wenigstes damals wurde von allen Seiten darauf hingewiesen, welche Garantie für die Presse darin läge, daß ihr Beschränkungen, wenn solche nothwendig erachtet werden sollten, nur unter Mitwirkung der Kammern auferlegt werden könnten.

Trotzdem benutzte die Regierung den Artikel 63 zu einem schneidenden Eingriff in die Presse.

Wenn sie materiell dazu nicht berechtigt war, so standen ihr dabei auch die formellen Bedingungen eben desselben Artikels der Verfassung entgegen, auf welchen sie ihr Verfahren stützte.

Weder „die Aufrechthaltung der öffentlichen Sicherheit, noch die Beseitigung eines ungewöhnlichen Nothstandes forderten dringend" eine Beschränkung der Presse, als jene Verordnung erlassen wurde. Das Ministerium nahm die beklagenswerthe That eines Wahnsinnigen zur Veranlassung, um eine Verordnung zu oktroyiren, welche die Censur der Postverwaltung für die Zeitungen einführte, indem sie es in das Ermessen der Verwaltungsbehörden stellte, mißfälligen Blättern den Postdebit zu entziehen, welche allen politischen Blättern Kautionen auferlegte und die Concessionsertheilung und Entziehung für Buchhändler und Buchdrucker, welche durch die Verfassung vom 5. Dezember 1848 aufgehoben waren, wieder herstellte. Sogar diejenigen, welche zwischen dem 5. Dezember 1848 und dem 5. Juni 1850 auf die Verfassung und den diese Vorschrift derselben anerkennenden Erlaß des Ministeriums vom 17. August 1849 gestützt, Buchhandlungen oder Buchdruckereien eröffnet hatten, sollten die Concession nachträglich einholen. Diese ist sogar in mehreren Fällen verweigert worden.

Der ganze Betrieb der Presse wurde mit diesen Bestimmungen dem Gutdünken der Verwaltung preisgegeben.

Diese Verordnung, welche so tief und so rücksichtslos in die durch die Verfassung garantirte Freiheit der Presse, so verletzend in die Vermögensverhältnisse vieler Staatsbürger eingriff, legte das Ministerium nicht einmal, wie es der Art. 63 vorschreibt, sofort bei unserem Zusammentreten zur Genehmigung vor.

Wir verlangten die Vorlegung am 2. Dezember. Die Vertagung der Kammern trat dazwischen, und erst bei der Wiedereröffnung der Sitzungen wurde die Verordnung der ersten Kammer vorgelegt zugleich mit einem Gesetzentwurf, welcher an deren Stelle treten sollte.

Wenn der Antheil der Kammern an der gesetzgebenden Gewalt nicht noch weiter verkürzt werden sollte, so mußten wir darauf bestehen, daß oktroyirte Verordnungen dem Sinn und dem Wortlaute des Art. 63 gemäß sofort beiden Kammern vorgelegt würden. Es handelt sich bei oktroyirten Verordnungen um die Genehmigung oder um die Verwerfung, um ein Veto, welches jeder Kammer für sich zusteht. Das verwerfende Votum einer Kammer reicht hin, eine solche Verordnung hinfällig zu machen. Darf eine der gesetzgebenden Gewalten, die Regierung, den beiden anderen in dringenden Fällen vorgreifen, so muß jede der beiden letzteren wenigstens bei ihrem Zusammentreten sogleich in die Lage versetzt werden, ihre Zustimmung nachzuholen oder zu versagen. Soll diese Vorschrift des Art. 63 nicht gelten, so würde man damit nur die Kammern nöthigen, von ihrem Veto auch ohne Vorlage Gebrauch zu machen.

Wir beharrten demnach auf unserem Verlangen, daß die Verordnung vom 5. Juni auch der zweiten Kammer sofort vorgelegt werde.

Die Majorität ging wie gewöhnlich zur Tagesordnung über: „in Erwägung, daß die Verordnung der ersten Kammer vorliege und daß aus besonderen, nur diesen Fall betreffenden Gründen von der Einforderung Abstand genommen werden könne, ohne dem Anspruche der Volksvertretung auf gleichzeitige Vorlage dieser Verordnungen zu präjudiziren."

Die Kammer wahrte damit den Grundsatz, aber sie gestattete gleichzeitig den Fortbestand der oktroyirten Verordnung, bis dieselbe durch ein den Wünschen der Regierung entsprechendes Gesetz ersetzt werden konnte.

Erst in den letzten Tagen der Session gelangte die zweite Kammer zur Berathung des Preßgesetzes.

Die Regierung war außer Stande den Nachweis zu führen, daß sie den Bestimmungen des Art. 63 gemäß verfahren sei. Sie konnte auch nicht den Schein eines Beweises dafür beibringen, daß die „Aufrechthaltung der öffentlichen Sicherheit" ohne die Verordnung vom 5. Juni unmöglich gewesen sei.

Die Kammer trat diesmal unserer Ansicht bei und verwarf mit 126 gegen 120 Stimmen die Dringlichkeit jener Ordonnanz.

Ausführung der Verfassung.

Wenn die Verfassung in den aufgeführten Punkten verletzt worden war, so zeigte sich, daß in anderen kaum minder erheblichen Fällen, fundamentale Vorschriften der Verfassung und wichtige Bestimmungen eben erlassener organischer Gesetze, welche durch die Verfassung in's Leben gerufen waren, unausgeführt blieben.

Die Artikel 44 und 61 der Verfassung bestimmen: „Die Minister des Königs sind verantwortlich. Alle Regierungsakte des Königs bedürfen zu ihrer Gültigkeit der Gegenzeichnung eines Ministers, welcher dadurch die Verantwortlichkeit übernimmt." — „Die Minister können auf Beschluß einer Kammer wegen des Verbrechens der Verfassungsverletzung, der Bestechung und des Verraths angeklagt werden. Ueber solche Anklage entscheidet der oberste Gerichtshof der Monarchie in vereinigten Senaten. So lange noch zwei oberste Gerichtshöfe bestehen, treten dieselben zu obigem Zwecke zusammen."

Zur Ausführung dieser Vorschriften und zur Regelung des Verfahrens in Anklagefällen brachte das Ministerium zu Anfang der Session einen Gesetz=Entwurf ein.

Es war in jenen kritischen Tagen nothwendig, guten Willen für das konstitutionelle System an den Tag zu legen, es war nöthig zu zeigen, daß man wirklich bereit sei, die Verantwortlichkeit zu übernehmen, auf welche sich das Ministerium so oft und mit so vieler Ostentation berufen hatte.

Der Gesetz=Entwurf der Regierung häufte die Formalitäten zum Schutz der Angeklagten in übermäßiger Weise; wir suchten dieselben zu vermindern und drangen wenigstens in einem wichtigen Punkte durch.

Die Regierung schlug vor, „daß auch die Herausgabe von Urkunden zum Beweise der Anklage von dem Staatsministerium verweigert werden könne, wenn solche nach dessen Meinung dem Staate gefährlich sein könnten." Wir erwirkten die Abänderung, „daß es die Pflicht des Staats=Ministeriums sei, alle Urkunden herauszugeben, welche der Gerichtshof verlangen möchte."

Die rechte Seite des Hauses widersetzte sich diesem Gesetze mit großer Lebhaftigkeit. Sie ließ der Loyalität des Ministeriums alle Gerechtigkeit widerfahren, daß es die Einbringung dieses Gesetzes nicht unterlassen habe, sie erklärte aber, daß der geeignete Zeitpunkt für das Eintreten eines solchen Gesetzes noch nicht gekommen sei.

Das Ministerium unterließ es trotz unserer Aufforderung, diesen Ausführungen entgegen zu treten.

Die Majorität der ersten Kammer verwarf das ganze Gesetz, ohne daß auch nur ein Mitglied des Ministeriums, auch nur mit einem Worte sich diesem unverfassungsmäßigen Beginnen widersetzt und den Einfluß der Staatsregierung auf die sonst so fügsame Majorität dieses Hauses geltend zu machen versucht hätte. Der Minister der Justiz, in dessen Geschäftskreis die Vorlage gehörte, enthielt sich der Abstimmung.

Vergebens forderten die Redner unserer Partei fast täglich in der Debatte Aufklärung über das merkwürdige Schicksal des Verantwortlichkeitsgesetzes in der ersten Kammer.

Endlich brachte der Abg. Simson eine Interpellation ein: „Auf welche Weise das Ministerium nunmehr den Artikeln 44 und 61 der Verfassung gerecht zu werden gedenke"?

Der Minister des Auswärtigen begnügte sich, dieselbe mit der bekannten Vorschrift der Verfassung, daß ein Gesetzentwurf, der in einer Session gefallen sei, in derselben Session nicht wieder vorgebracht werden dürfe, mit dem Hinzufügen zu beantworten, daß das Ministerium für die nächste Session noch keinen Beschluß gefaßt habe.

Auch andere Artikel der Verfassung sind unausgeführt geblieben.

Artikel 15 der Verfassung schreibt vor, daß „die evangelische wie die katholische Kirche ihre Angelegenheiten selbstständig ordnen und verwalten sollen."

Bei Aufnahme dieses Artikels in die Verfassung war der Sinn desselben ganz einfach und unter Zustimmung des Ministeriums dahin erläutert worden, daß „die Errichtung einer vom Staate wie von der landesherrlichen Autorität befreiten selbstständigen Verfassung der evangelischen Kirche damit verheißen und vorgeschrieben sei."

Wir nahmen aus mehreren Petitionen über Erlasse des Ministeriums in kirchlichen Angelegenheiten Veranlassung, die Regierung um die Ausführung dieses Artikels zu befragen.

Der gegenwärtige Cultusminister gab uns den überraschenden und bedeutungsvollen Aufschluß: „daß die evangelische Kirche bereits ihre Verfassung habe, in der das landesherrliche Kirchenregiment den Hauptpunkt bilde. Dieses Kirchenregiment des Landesherrn sei auch in diesem Augenblicke in unzweifelhafter rechtlicher Geltung, die evangelische Landeskirche werde von dem Landesherrn regiert. Die Kammer sei nicht befugt, sich in die innern Angelegenheiten der Landeskirche zu mischen."

Der Cultusminister machte hiermit nicht nur eine Auffassung geltend, welcher der klare Wortsinn der Verfassungsbestimmung widerspricht; er bestritt auch der Kammer das Recht, danach zu fragen, ob die Regierung die auf die Stellung der Kirche bezüglichen Bestimmungen der Verfassung ausgeführt habe und ausführen wolle. Und doch handelte es sich gerade um Verordnungen, welche der verantwortliche Minister in kirchlichen Angelegenheiten erlassen hatte!

Die Majorität der Kammer ging zweimal über diese Aeußerungen des Cultusministers zur Tagesordnung über.

Unsere Absicht, auf Veranlassung einer gründlichen und besser fundirten Eingabe über die gegenwärtige Behandlung der kirchlichen Angelegenheiten zum dritten Mal hierauf zurückzukommen, scheiterte an der Verzögerung in der Petitionskommission, in welcher die rechte Seite des Hauses ein starkes Uebergewicht hatte. —

Den Gemeinden des preußischen Staates ist in der Verfassung das Recht der selbstständigen Verwaltung ihrer Angelegenheiten beigelegt.

Artikel 105. der Verfassung schreibt vor: „Ueber die inneren und besonderen Angelegenheiten der Provinzen, Bezirke, Kreise und Gemeinden beschließen aus gewählten Vertretern bestehende Versammlungen." — „Den Gemeinden insbesondere steht die selbstständige Verwaltung ihrer Gemeinde-Angelegenheiten unter gesetzlich geordneter Oberaufsicht des Staats zu."

Zur Ausführung dieser Vorschriften war in der vorigen Session eine Bezirks-, Kreis- und Gemeindeordnung für den ganzen Staat vereinbart worden. Viele übermäßig conservative und unzweckmäßige Bestimmungen dieses Gesetzes hatten wir zugelassen, um den Abschluß eines so wichtigen organischen Gesetzes in keiner Weise zu gefährden.

Die Regierung hatte die Einführung dieses Gesetzes für die Landgemeinden sehr lässig betrieben. Instruktionen waren erlassen worden, welche den Sinn des Gesetzes aufhoben. Mitglieder der Kammern waren beauftragt worden als Kommissare der Regierung für die Einführung des Gesetzes zu wirken, welche in der vorigen Session lebhaften Widerspruch gegen das ganze Gesetz erhoben hatten.

Der erste Artikel der neuen Gemeindeordnung schreibt vor: „Jedes Grundstück muß einem Gemeindeverbande angehören oder einen solchen bilden." Durch die bündige Erklärung, „daß hiermit nur solche Fälle verstanden seien, wo vereinzelte Fabriketablissements beständen oder einzelne große Grundbesitze mitten in Forsten vereinzelt lägen," hatte die Regierung unsere Opposition gegen diesen Artikel in der vorigen Session beseitigt und die Zustimmung der Majorität gewonnen.

Bei Ausführung des Gesetzes machte man nun aber die Ausnahme zur Regel. In ganzen Kreisen, in ganzen Regierungsbezirken waren alle ehemaligen Rittergüter, auch da wo deren Territorium in einzelnen Parcellen mit bäuerlichen Grundstücken im Gemenge lag, zu selbstständigen Gemeinden erklärt worden. Man verhinderte damit das, was die Verfassung verlangt und die Gemeindeordnung vorschreibt: die Bildung größerer aus verschiedenen Elementen gebildeter Gemeindeverbände auf dem Lande, welche allein ein tüchtiges Gemeindeleben zu erzeugen im Stande sind.

Diesem Mißbrauch ein Ende zu machen, beantragten wir eine Declaration zur Gemeindeordnung, welche dahin ging, die Bildung von Gemeindeverbänden „in einer den Zwecken der Gemeindeordnung entsprechenden Weise zu sichern." Die Deklaration nahm die Regel, daß alle Grundstücke einem Gemeindeverbande angehören müßten, wieder auf. Nur da, „wo die Ausnahme unumgänglich nothwendig sei, sollten die Kreis- und Bezirkskommissionen dieselbe gestatten."

Die Majorität trat unserm Antrag bei. Indeß wurde dieser Beschluß der zweiten Kammer von der ersten wieder verworfen. Damit noch nicht zufrieden beantragte die Majorität der ersten Kammer sogar eine Revision der Gemeindeordnung in reactionärem Sinn bei der Regierung, die Revision eines Gesetzes, welches noch nicht ausgeführt war.

Bei der Berathung der Declaration in unserer Kammer hatte das Ministerium Gelegenheit genommen, uns auf die Grenzen unserer Befugnisse zu verweisen. Wir wurden daran erinnert, daß die Regierung weder einzelnen Rednern, noch den Kammern, über die Wahl der Kommissare Rechenschaft schuldig sei, deren sie sich zur Ausführung von Gesetzen bediene, daß die Gewalt der Exekutive dem Könige, nicht den Kammern zustehe.

Diese unbestrittenen Sätze widerlegen das Recht der Kammern nicht, die Verwaltung zu controlliren und über die Ausführung der Verfassung und der Gesetze zu wachen.

Gesetzgebung.

Die Gesetzgebung hat die Kräfte der Kammer in dieser Session bedeutend in Anspruch genommen. Auch bei der Feststellung der neuen Gesetze, welche zu berathen waren, ist es uns nicht überall gelungen die Grundsätze und Vorschriften der Verfassung durch die Beschlüsse der Kammer zur Geltung und Anerkennung zu bringen.

Das wichtigste und wohlthätigste Gesetz, dessen Abschluß dieser Session verdankt wird, ist das neue Strafgesetzbuch. Es beseitigt den bisherigen Uebelstand einer zwiefachen Strafgesetzgebung für Preußen und bezeichnet einen entschiedenen Fortschritt des Strafrechts im Sinne unserer Ueberzeugungen und Grundsätze. Die Vorschriften desselben zeichnen sich durch Einfachheit und Verständlichkeit aus, sie sind aus einem zusammenhängenden Systeme hervorgegangen. Mindestens eben so wichtig ist aber, daß dies Strafgesetz auf dem Standpunkt des Schwurgerichts steht und damit dem Lande eine neue Garantie für die Erhaltung und Fortbildung dieser Institution giebt.

Die Strafbestimmungen sind immer noch streng, aber doch im Verhältniß zu den bisher geltenden gemildert. Die Todesstrafe ist nur noch in sehr wenigen Fällen gestattet, alle Verdachtsstrafen sind fortgefallen.

Es ist den Mitgliedern unserer Partei in den Kommissionsberathungen gelungen, das Gesetz in vielen einzelnen Punkten zu verbessern, die verschärften Todesstrafen, die Entziehung der Ehrenrechte bei an sich nicht ehrenrührigen Verbrechen, welche die Regierung vorgeschlagen hatte, zu beseitigen; die Entziehung der Ehrenrechte überhaupt der Cognition der Geschworenen zu überweisen und die Geschworenen selbst vor frivolen Anklagen, gegen ihre Ueberzeugung gestimmt zu haben, zu schützen.

Die Emanation dieses neuen Strafcoder ist nicht ohne Zugeständnisse von unserer Seite erkauft worden. Wir haben manche Wünsche aufgeben, wir haben einzelnen Bestimmungen gegen unsere Ueberzeugung unsere Zustimmung geben müssen. Aber wir waren der Ansicht, daß das Beste der Feind der Guten sei, wir glaubten, daß, um ein so großes und im Ganzen so wohlthätiges Werk zu Stande zu bringen, von jeder Seite Opfer gebracht werden müßten, daß einzelne Mängel vor den Vorzügen des Ganzen zurücktreten müßten. —

Die octroyirte Verordnung vom 2. Januar 1849, welche die Organisation der Justiz regelt, haben wir durch unsere Zustimmung zum Gesetz erhoben. Nicht weil wir meinten, daß dieselbe in allen Punkten zweckmäßig und volksthümlich wäre, sondern weil es uns dringend nothwendig schien, den deutlich hervortretenden Bestrebungen auf Herstellung des eximirten Gerichtsstandes und der patrimonialen Justiz einen Damm entgegenzusetzen und das festzuhalten, was wir glücklich erreicht haben.

Die Zusätze und Abänderungen, welche durchaus erforderlich waren, haben wir in ein besonderes Gesetz vereinigt, weil sich nicht voraussehen ließ, ob über diese sogleich eine Vereinbarung unter den gesetzgebenden Gewalten herzustellen sein würde. —

Den Absichten der Regierung in den vorgelegten Sportelgesetzen die Kosten geringfügiger Streitsachen zu ermäßigen, haben wir volle Gerechtigkeit widerfahren lassen und diesen Gesetzen bereitwillig unsere Zustimmung ertheilt. —

Die Gerichtsverfassung Preußens wie das System des neuen Strafgesetzbuchs machen ein besonderes Gesetz über das bei Pflichtverletzungen Seitens eines Richters zu befolgende Verfahren nothwendig.

Die Verfassung schreibt in den Artikeln 86 und 87 vor: „Die richterliche Gewalt wird durch unabhängige, keiner andern Autorität als der des Gesetzes unterworfene Gerichte ausgeübt."

— „Die Richter können nur aus Gründen, welche die Gesetze vorgesehen haben, ihres Amtes entsetzt oder zeitweise enthoben werden."

Von diesem Standpunkte der Verfassung aus hatten wir die über das Disciplinarverfahren gegen Richter von der Regierung am 10. Jan. 1849 octroyirte Verordnung zu prüfen.

Es folgt aus den angeführten Vorschriften, daß jeder Einfluß der administrativen Seite des Justizwesens auf die Verfolgung und Bestrafung von Vergehen, welche ein Richter im Amte begangen hat, abgeschnitten werden muß, daß nur der Richter über das Vergehen des Richters zu befinden hat. Die erkennenden Kollegien dürfen mithin nur aus Richtern bestehen.

Es folgt daraus weiter, daß der Einfluß des Justizministers auf die Bezeichnung und Zusammensetzung dieser Kollegien verhütet werden muß. Die erkennenden Kollegien müssen deßhalb für alle Fälle im Voraus bestimmt sein, dem Ministerium der Justiz muß ein möglichst geringer Einfluß auf deren Zusammensetzung gestattet sein.

Den eifrigen Bemühungen unserer Partei ist es gelungen, diese Grundsätze gegen manche sehr abweichende Vorschläge der Regierung im Wesentlichen zur Anerkennung zu bringen. Die Kammer hat den Plenarversammlungen der Appellationsgerichte alle in ihren Bezirken vorkommenden Disziplinarvergehen zur Kognition überwiesen.

Indessen gelang es uns nicht, die Constituirung des Obertribunals als zweite Instanz in allen Disziplinarsachen zu verhindern. Da der Justizminister auf die Zusammensetzung des Obertribunals einen gewissen Einfluß auszuüben im Stande ist, da das Obertribunal zugleich die Beschwerdeinstanz gegen Verfügungen der Untergerichte bildet, da der Angeklagte das Obertribunal auch wenn es ihm befangen erscheinen sollte, nach den Vorschlägen der Regierung nicht recusiren durfte, so schien es uns zweckmäßig, daß es beim Urtheil des Appellationsgerichts zu bewenden habe, und nur bei Formfehlern eine Nichtigkeitsbeschwerde zugelassen werde. Die Majorität trat jedoch der Ansicht der Regierung bei.

Dagegen erreichten wir, daß kein Richter wegen einer strafbaren Handlung zugleich vor dem Disziplinargericht und vor dem ordentlichen Gericht verfolgt werden dürfe. Wir erreichten endlich nach lebhafter Debatte noch eine andere für die Unabhängigkeit des Richterstandes höchst wichtige Garantie, daß wegen einer Handlung, über welche das ordentliche Gericht zu erkennen berufen ist, das Disziplinargericht nicht weiter zu befinden habe.

Diese Bestimmung ist leider von der ersten Kammer beseitigt worden und die Majorität der zweiten ist schließlich, trotz unseres Widerspruchs der Entscheidung derselben beigetreten. —

Bei der Berathung der oktroyirten Verordnung vom 11. Juli 1849 über die Disziplin der nicht richterlichen Beamten haben wir auf die Sicherstellung dieser Beamten gegen ministerille Willkür Bedacht genommen und unsere Bemühungen waren wenigstens theilweise von Erfolg begleitet.

Wir haben nicht verkannt, daß die Regierung strengen Gehorsam von ihren Beamten zu fordern berechtigt ist, wir haben aber auch geglaubt, daß die Beamten gegen eine auf ihre Gesinnung gerichtete Inquisition geschützt werden müßten. Nach unsrer Ansicht genügte es, wenn die Spitzen der ausführenden Verwaltung von dem Ministerium unbedingt abhängig wären, die übrigen Beamten waren wir bemüht so zu stellen, daß sie wegen einer von der augenblicklichen Regierungstendenz abweichenden politischen Richtung, wegen bloßer Mißliebigkeit nicht aus dem Amte gestoßen werden könnten. Wir sind der Ueberzeugung, daß eine zu große Abhängigkeit der Beamten von oben den Erfolg haben würde, daß nur noch Männer von fügsamen und schwachem Charakter in die Verwaltung eintreten oder innerhalb derselben emporkommen würden und daß damit gerade das Gegentheil von dem erreicht werden dürfte, was man erreichen will: der Regierung in den Beamten starke und zuverläßige Stützen ihres Willens, namentlich in Zeiten der Gefahr, zu sichern. Wenigstens haben in dem Staate, in welchem die Abhängigkeit der Beamten am schärfsten durchgeführt worden ist, in Frankreich, dieselben auch jedem Umschwung am willigsten nachgegeben.

Wir verlangten von diesen Gesichtspunkten aus, daß die Mitglieder des obersten Disciplinarhofes für die Verwaltungs-Beamten vom Könige lebenslänglich ernannt werden sollten, die Majorität beschränkte die Dauer der Ernennung auf drei Jahre. Wir erlangten, daß die Bestimmung der oktroyirten Verordnung abgelehnt wurde, nach welcher „Beamte, die nicht den erforderlichen Muth zeigten", ihrer Stellen entsetzt werden könnten.

Wir wollten ferner keine Versetzung der Beamten als Strafe zulassen; die Versetzung wider Willen, die Pensionirung sollte nur auf Beschluß des Disciplinarhofes stattfinden können. Die Majorität verwarf diese Anträge. Nur die Professoren der Universitäten schützten wir mit vieler Mühe vor der auch ihnen drohenden Pensionirung.

Wir wollten endlich, daß es dem Ministerium nicht zustehen sollte die Landräthe, die wir ebensosehr als Vertreter der corporativen und materiellen Interessen ihrer Kreise ansahen wie als Organe der Exekutivgewalt, nach Gutbefinden ihrer Stellen zu entheben und auf Wartegeld zu setzen; wir verlangten endlich, daß die Gemeinde-Beamten, wie sie aus der Wahl ihrer Gemeinden hervorgehen, so auch nur der Vertretung des Volkes, nicht den Administrativ-Beamten des Staates verantwortlich sein sollten. Der Bezirksrath sollte die competente Disciplinarbehörde für die Gemeindebeamten des Regierungsbezirks sein. Aber alle hierauf gerichteten Anträge wurden von der Majorität verworfen.

In der ersten Kammer ist diese Verordnung nicht mehr zur Berathung gekommen. —

Dagegen hat die erste Kammer die Milderungen, welche wir in der zweiten Kammer mit großer Mühe in die octroyirte Verordnung über den Belagerungs- und Kriegszustand hineingebracht hatten, wieder verworfen und damit wichtige Garantieen für den Rechtszustand des Landes und den persönlichen Schutz einzelner Bürger beseitigt.

Die octroyirte Verordnung über den Kriegs- und Belagerungszustand legt den Militairbefehlshabern, gleichviel ob hohen oder niedrigen Ranges, auch im Frieden in dringenden Fällen das Recht bei, den Belagerungszustand auszusprechen. Wir verlangten, daß dies niemals anders als unter Zustimmung der Civilbehörde geschehen dürfe und die Kammer trat unserem Antrage bei.

Wir erreichten ferner, daß die Kriegsgerichte nach erklärtem Belagerungszustand in gewissen Fällen statt immer auf Zuchthausstrafe, wie die Regierung verlangte erkennen zu müssen, auf Freiheitsstrafe erkennen könnten, wenn mildernde Umstände vorhanden seien.

Endlich trat uns die Majorität der Kammer auch darin bei,

daß die Bestätigung der von den Kriegsgerichten erkannten Todesurtheile in Friedenszeit dem Könige zustehen solle und nicht den kommandirenden Generälen — damit dem Könige nicht die Möglichkeit entzogen werde, das Recht der Begnadigung und Strafmilderung, welches ihm nach der Verfassung zusteht, zu üben.

Die erste Kammer hat indeß diese Beschlüsse nicht angenommen und die Majorität der zweiten hat noch am letzten Tage unserer Berathungen beschlossen, sich den Ansichten der ersten Kammer zu fügen und so die ursprüngliche Vorlage der Regierung wieder herzustellen. —

Neben dem Strafgesetzbuch nimmt das Preßgesetz unter den in dieser Session vereinbarten Gesetzen die erste Stelle ein.

Wir haben nicht verhindern können, daß sehr eingreifende Bestimmungen desselben auf den Antrag der Regierung gegen die Vorschriften der Verfassung von der Majorität votirt worden sind.

Artikel 94. der Verfassung schreibt vor: „Bei den mit schweren Strafen bedrohten Verbrechen, bei allen politischen Verbrechen und bei allen Preßvergehen, welche das Gesetz nicht ausdrücklich ausnimmt, erfolgt die Entscheidung durch Geschworne.“

Die Gesetzgebung ist nach dieser Bestimmung in der Lage, ausnahmsweise einen Theil der Preßvergehen der Cognition der Geschwornen zu entziehen.

Das Preßgesetz hatte diese Ausnahmen festzustellen. Aber diese Ausnahmen waren durch die vorangehende allgemeine Vorschrift jenes Artikels dahin beschränkt, daß alle politischen Verbrechen der Entscheidung der Schwurgerichte nicht entzogen werden könnten, also auch nicht die Preßvergehen, welche einen politischen Charakter haben.

In diesem Sinne war der Artikel bei der Revision der Verfassung von allen Parteien aufgefaßt worden, in diesem Sinne war er damals von dem Justizminister interpretirt worden. Es war damals ausdrücklich versichert worden, daß nur geringfügige Preßvergehen, durch die Presse verübte Injurien den Geschwornen entzogen werden sollten.

Wir sind im Grundsatz für das Urtheil der Geschwornen bei Vergehen und Verbrechen, welche durch die Presse begangen werden. Wir sind der Ueberzeugung, daß das Maaß der für die Presse zu gestattenden Freiheit, die Grenze des Erlaubten und Strafbaren, durch kein Gesetz so scharf und ausreichend bestimmt werden kann, daß ein gewöhnliches Verfahren darauf mit Sicherheit und ohne Gefährdung des nothwendigen Spielraums für die öffentliche Diskussion gegründet werden dürfe. Wir mußten deshalb um so fester an der Vorschrift der Verfassung halten, daß mindestens die Preßvergehen politischer Natur dem Geschwornengericht allein verblieben, und daß nicht gegen den Art. 94 die aufgestellte Regel zur Ausnahme und die Ausnahme zur Regel verkehrt wurde.

Wir haben keinen Sieg erfochten. Die Majorität der Kammer hat beschlossen, daß alle Preßvergehen von politischem und nicht politischem Character, welche mit einer geringeren Strafe als dreijähriger Einschließung bedroht sind, vor die für andere Vergehen bestimmten Gerichte gehören. Nur die Preßverbrechen sind den Schwurgerichten geblieben.

Während die Verfassung Art. 28 vorschreibt, „daß Vergehen, welche durch Wort, Schrift, Druck oder bildliche Darstellung begangen werden, nach den allgemeinen Strafgesetzen zu bestrafen seien," hat die Majorität der zweiten Kammer beschlossen, daß Verleger, Drucker und Redakteure, auch „dann, wenn sie nicht als Urheber oder Theilnehmer an einem Preßvergehen oder Preßverbrechen strafbar erscheinen," in Geldbuße von 10 — 1000 Thaler genommen werden sollen.

Wenn diese Vorschriften über das Strafverfahren und die eben angegebenen Strafbestimmungen der Verfassung zuwiderlaufen, so ist durch andere Festsetzungen dieses Gesetzes der Verwaltung ein so starker Einfluß auf den Betrieb des Buchhandels und des Druckes und eine so weit reichende Gewalt zur Verhütung von Preßvergehen gegeben, daß der Fortbestand der jedem Preußen durch die Verfassung garantirten freien Aeußerung seiner Meinung (Art. 27) äußerst gefährdet und von dem guten Willen der Regierung abhängig erscheint. Eine Stellung der Presse, welche der Bedeutung derselben nicht entspricht und jedes rechtlich geordneten Staatslebens unwürdig ist.

Gleich der erste Artikel des Gesetzes räumt der Regierung das Recht ein, zur Errichtung jeder Buchhandlung und jeder Buchdruckerei die Konzession zu ertheilen. Diese soll zwar „keinem Unbescholtenen" versagt werden. Diesem Worte entspricht indeß kein Begriff des bestehenden Rechts und es hängt somit von dem

Belieben der Behörde ab, wen sie für bescholten oder unbescholten zu halten für gut findet.

Die fernere Bestimmung, daß alle Druckschriften unter 20 Bogen 24 Stunden vor der Veröffentlichung der Ortspolizeibehörde eingereicht werden müssen, stellt die Censur in einer andern Form wieder her.

Daß den Polizeibehörden nicht bloß die Befugniß beigelegt ist, alle vorfindlichen Exemplare einer ihr strafbar erscheinenden Schrift oder eines solchen Zeitungsblattes mit Beschlag zu belegen, sondern auch die zum Druck derselben bestimmten Platten und Formen, setzt die Polizei in den Stand, durch wiederholte, wenn auch ganz grundlos verfügte Beschlagnahmen von Zeitungsnummern, das weitere Erscheinen derselben durch Mangel an Lettern zu verhindern.

Den Buchhändlern und Druckern die ertheilten Konzessionen wieder entziehen zu können, was die Regierung verlangte, — hat die Majorität der Kammer ihr indeß doch nicht gewährt.

Einige Mitglieder des Centrums sahen ein, daß dies doch nichts anderes bedeute, als den gesammten Betrieb der Presse von dem Winke des Ministeriums abhängig machen. Jeder Buchhändler und Buchdrucker konnte dann durch die Drohung der Konzessionsentziehung schon im Voraus abgehalten werden, Schriften oder Zeitungen zu verlegen und zu drucken, welche dem Ministerium nicht genehm wären, oder wenn er eine solche Schrift oder Zeitung dennoch erscheinen ließe, durch die Vernichtung seines Geschäfts, welche der Konfiskation des Vermögens ziemlich gleichkommt, bestraft werden.

Aus dem Centrum wurde ein Antrag über die Concessionsentziehung eingebracht, dem wir unsere Zustimmung geben mußten, nachdem unser Vorschlag die Mehrheit nicht erreicht hatte. Die Concessionsentziehung wird durch diesen Beschluß den Gerichten übertragen, aber freilich unter sehr strengen Regeln. Gleich bei der ersten Verurtheilung wegen eines Preßverbrechens, bei der zweiten Verurtheilung wegen eines Preßvergehens kann der Gerichtshof auf die Zurücknahme der Concession erkennen, bei dem zweiten Preßverbrechen, bei dem dritten Preßvergehen innerhalb fünf Jahren ist der Gerichtshof dazu verpflichtet.

Bei den außerhalb Preußen im deutschen Bundesgebiet erscheinenden Zeitungen und Zeitschriften kann das Ministerium des Innern, sobald irgend ein Gerichtshof in Preußen in einer Nummer, einem Stück oder einem Heft derselben den Thatbestand einer strafbaren Handlung erkennt, gleichzeitig das Verbot der betreffenden Zeitung oder Zeitschrift für immer aussprechen.

So kam ein Gesetzentwurf zu Stande, gegen welchen wir mit Bezugnahme auf den Buchstaben und den Geist der Verfassung Protest einlegen mußten. Die erste Kammer hat die Beschlüsse der zweiten dann im Ganzen angenommen. —

So bedeutungsvoll der Antheil ist, welchen das constitutionelle System und die Verfassung vom 31. Januar 1851 den Vertretern des Volkes in der Gesetzgebung einräumt, — was vermögen die vortrefflichsten Gesetze, wenn dieselben nicht ausgeführt, wenn sie nicht beobachtet werden? Erst dann ist das verfassungsmäßige Leben, erst dann ist der Staat des Rechts eine Wahrheit, wenn die Vertretung des Volkes so viel Einfluß und Gewicht erlangt hat, daß die Verwaltung die Vorschriften der Gesetze gewissenhaft befolgt und in loyaler Weise handhabt. —

Daß die Kammern unter der gegenwärtigen Verwaltung einen sehr geringen Einfluß auf die Ausführung neuer Gesetze ausüben, haben wir schon an der Art gezeigt, wie die Gemeindeordnung seit der vorigen Session zur Ausführung gebracht worden war, wir wurden von unserer Ohnmacht, auch nur die Beobachtung alter und längst bestehender Gesetze zu erwirken, wenn deren Bestimmungen dem augenblicklichen Interesse der Regierung nicht zusagen, besonders durch einen Vorfall überzeugt, welcher unter den Augen der Kammern vorging.

Das Gesetz über die Niederlassung vom 31. Dezember 1842 schreibt vor: „Keinem selbstständigen preußischen Unterthan darf an dem Orte, wo er eine eigene Wohnung oder ein Unterkommen sich selbst zu verschaffen im Stande ist, der Aufenthalt verweigert oder durch lästige Bedingungen erschwert werden."

Dr. Haym, geborner Preuße und Docent an der Universität Halle, hatte als er am 1. Julius 1850 die Redaktion der Constitutionellen Zeitung übernahm, seine Niederlassung der Polizeibehörde angezeigt. Gegen die klare Bestimmung des angeführten Gesetzes verweigerte ihm diese Behörde die Niederlassung und nöthigte ihn, eine Aufenthaltskarte als Fremder zu nehmen. Der Direktor im Ministerium des Innern, Herr v. Puttkammer, erklärte nachmals in der Kammer, Dr. Haym habe sich freiwillig in die Kategorie eines Fremden gestellt.

Als Dr. Haym zu der Zeit da die Kammern zusammentraten, da die Entscheidung über Preußens Stellung fallen sollte, in seiner Zeitung das Ministerium eifrig antrieb, die Ehre und Macht Preußens zu wahren, als er auf die Folgen der Nachgiebigkeit gegen Oestreich aufmerksam machte, wies das Polizeipräsidium den Dr. Haym aus Berlin aus. Sein Recurs an das Ministerium des Innern blieb unbeachtet.

Wir konnten ein solches Attentat auf die in der Verfassung gewährleistete persönliche Freiheit, auf die Freiheit der Presse, auf das Gesetz vom 31. Januar 1842 nicht ungeahndet lassen. Das Ministerium beantwortete unsere Interpellation durch seinen Kommissar dahin, daß ein strafbarer Artikel des von Dr. Haym redigirten Blattes der Grund dieser Ausweisung sei — die Staatsanwaltschaft hat nachmals die Anklage gegen diesen Artikel zu erheben verweigert; daß Dr. Haym Mißtrauen gegen die Regierung gesäet habe — leider zeigte sich, daß dessen Befürchtungen, das Ministerium werde Preußens Ehre und Macht nicht genügend wahren, nur zu begründet gewesen; daß die Ausweisung auf Grund des Paßedikts vom 22. Juni 1817 erfolgt sei, welches der Regierung das Recht beilegt, „nahrungslose und der öffentlichen Sicherheit gefährliche Fremde" zu entfernen.

Dr. Haym wendete sich mit einer Beschwerde an die Kammer; wir erlangten den Beschluß, „dieselbe dem Ministerium zur Berücksichtigung zu überweisen." Bei der Debatte behauptete der Minister des Innern, daß er Grund habe anzunehmen, die Sache des Dr. Haym befinde sich bereits in einer andern Lage. Diese neue Sachlage war die, daß der Minister dem Polizeipräsidenten aufgetragen hatte, den Dr. Haym auf seine schon früher an das Ministerium gerichtete Beschwerde abschlägig zu bescheiden. Das Polizeipräsidium motivirte nun die Ausweisung damit, daß Dr. Haym Opposition gemacht habe. Und welche Opposition war es, die in der Hauptstadt eines konstitutionellen Staats mit Ausweisung bestraft wurde? Die Opposition des Dr. Haym bestand darin, daß er die Position, welche das Ministerium lange Zeit in der deutschen Frage eingenommen hatte, nicht gleichzeitig mit dem Ministerium verließ, daß er seine

Ueberzeugung nicht wechselte als die Regierung für gut fand, die ihrige zu wechseln.

Als der Abg. v. Vincke in einer zweiten Interpellation diese Bescheidung des Polizeipräsidenten beleuchtete, zog sich der Minister des Innern hinter die Bemerkung zurück, daß die Ausführung der Gesetze Sache der Regierung sei. Selbst der Majorität der Kammer war es nicht gelungen, gegen ein so willkürliches und gewaltsames Verfahren auch nur die geringste Abhülfe zu schaffen.

Bessern Erfolg haben wir in einigen andern Fällen gehabt, in denen es sich ebenfalls darum handelte, den durch die Verwaltung gekränkten Rechten einzelner Staatsbürger Hülfe zu gewähren. Die Ausweisung des Schriftstellers Hoffmann aus Berlin wurde zurückgenommen. Doch muß es bei diesem und anderen Fällen dahingestellt bleiben, ob diese Resultate der Fürsprache der Kammern zu verdanken sind.

Finanzen.

So wichtig der Kampf war, welchen wir um die auswärtige Politik, um die Aufrechthaltung der Verfassung und die Durchführung ihrer Grundsätze in der Gesetzgebung und Verwaltung zu führen hatten — wir haben die materiellen Fragen des Landes mit nicht geringerem Ernst behandelt.

In der Ueberzeugung, daß es darauf ankomme die Steuerkraft des Landes zu schonen und nach den politischen Niederlagen der Gegenwart neue Kräfte für die Zukunft zu sammeln, haben wir unser eifriges Bestreben darauf gerichtet, die Ausgaben des Staates mit seinen Einnahmen wieder in Einklang zu bringen.

Die Majorität widersetzte sich allen Anträgen auf Ersparungen irgend erheblicher Art. Sie verschmähte es die seit 1848 bei einzelnen Posten unverhältnißmäßig gewachsenen Ausgaben dem früheren Maaßstabe wieder anzunähern. Die Ausgaben des Ministeriums des Innern betragen z. B. jetzt 1,780,000 Thaler, während sie im Jahre 1848 nur 1,180000 Thaler betrugen.

Nicht einmal die geheimen Fonds dieses Ministeriums, welche für Polizeiagenten und Unterstützungen der ministeriellen Presse verausgabt werden, herabzusetzen, konnte die Majorität bewogen werden. Wir hatten verlangt, daß diese geheimen Fonds auf die Summe, welche dafür im Jahre 1848 verausgabt worden war d. h. auf 25,000 Thaler ermäßigt würden, wir fielen nicht allein mit diesem, sondern auch mit einem andern Antrag durch, welcher dieselbe Summe, welche 1849, wo sich der Staat augenscheinlich in größerer Gefahr befand, für diesen Posten bewilligt worden war, nämlich 50,000 Thaler zu bewilligen vorschlug. Das Ministerium erhielt die 80,000 Thaler, welche es verlangte.

Wir haben nichts weiter erreicht als die Ausgaben des Staats um 442,000 Thaler herabzusetzen, welche dem Budget des Kriegsministeriums entzogen worden sind, und die Einnahmen des Staats um 100,000 Thaler zu erhöhen, welche die Seehandlung in Zukunft abzuliefern genöthigt sein soll.

Der Staatshaushalt schließt in runder Summe mit einer Einnahme von 93,300,000 und einer Ausgabe von 96,300,000 Thalern, von denen die Regierung indeß 3 Millionen als nur einmalige Ausgabe für das Jahr 1851 bezeichnet hat.

Das Jahr 1850 hatte nicht blos die Einnahmen erschöpft, es blieben außer der in der vorigen Session von uns bewilligten Anleihe von 18 Millionen, welche völlig verausgabt worden war, noch 11½ Millionen zu decken. Die Regierung schlug zu diesem Zweck vor: die Darlehnskassenscheine, welche ihr im Jahre 1848 bis zur Höhe von 10 Millionen auszugeben bewilligt worden waren, zum ganzen Betrag dieser Summe in unverzinsliche Staatspapiere zu verwandeln.

Die Bewilligung jener Summe war von dem zweiten vereinigten Landtag im April 1848 beschlossen worden, um die Gewerbtreibenden und Kaufleute durch baare Vorschüsse Seitens des Staats in den Stand zu setzen, bei dem damals plötzlich eingetretenen Geldmangel ihre Geschäfte und Fabriken fortarbeiten zu lassen. Die Vorschüsse aus jener Summe sollten nur gegen Hinterlegung von Waaren erfolgen. Bis zum 1. Januar 1851 sollten die Darlehne zurückgezahlt und die Darlehnskassen aufgelöst sein.

Wir erklärten uns im Sinne der ursprünglichen Bestimmung dieser Summe, noch mehr aber deshalb, weil bereits über 20 Millionen Kassenanweisungen im Umlauf befindlich sind, gegen den Vorschlag der Regierung.

Die Gründe des Finanzministers, daß jene Summe von 10 Millionen Scheinen nicht ohne Schaden dem Verkehr entzogen werden könnte, daß Preußen in diesem Falle mit ausländischen Kassenanweisungen überschwemmt werden würde, konnten uns in keiner Weise überzeugen.

Der erste Grund traf schon deshalb nicht zu, weil die im Verkehr befindlichen Darlehnskassenscheine bei Weitem nicht die als Maximum normirte Summe von 10 Millionen erreicht hatten, also auch diese Summe dem Verkehr nicht entzogen werden konnte. Was aber die Ueberschwemmung des preußischen Geldmarktes mit Kassenanweisungen des Auslandes anbelangt — so wird Jedermann sich vor werthlosen Papieren zu sichern wissen, ohne daß deswegen das preußische Papiergeld vermehrt zu werden brauchte.

Bei uns überwogen die Bedenken gegen diese leichte Art, die Staatsschuld durch Creirung unverzinslicher Papiere zu erhöhen, ganz entschieden. Das richtige Verhältniß der unverzinslichen zur verzinslichen Schuld, des Papiergeldes zu dem im Umlauf befindlichen baaren Gelde, schien uns bereits erreicht, wir glaubten nicht, daß die unverzinslichen Papiere ohne Hinterlegung von Baarfonds um ein volles Drittel vermehrt werden dürften, wenn man das Vertrauen auf eine solide Finanzwirthschaft nicht erschüttern, wenn man sich nicht in kritischen Momenten großen Uebelständen und einer plötzlichen Entwerthung der gesammten Kassenanweisungen aussetzen wollte. Wir mußten uns erinnern, daß der preußische Staat auch in den schlimmsten Krisen nicht zur Vermehrung seiner Tresorscheine geschritten war und gerade dadurch seinen Kredit am besten aufrecht erhalten hatte.

Die Majorität war jedoch so eilig, den Wunsch der Regierung auch auf Kosten des Staatskredits zu erfüllen, daß sie den Schluß der Debatte bei einer so tiefgreifenden und den Staatskredit Preußens so wesentlich berührenden Frage votirte, nachdem erst zwei Redner gesprochen hatten. Wiederum blieb uns nichts übrig, als gegen solches Verfahren Protest einzulegen.

Obwohl die Erhaltung und Sicherung des Staatskredits eine Frage ist, bei der alle Parteien, denen überhaupt das Vaterland am Herzen liegt, gleichmäßig interessirt sind, so wiederholte doch die Majorität in einer anderen kaum minder wichtigen Frage ihre Sorglosigkeit in dieser Beziehung.

An die Stelle der früheren ständischen Deputation, welche die Hauptverwaltung der Staatsschulden kontrollirte, war in Folge der Verfassung und eines in der vorigen Session berathenen Gesetzes vom 24. Februar 1850, eine Kommission beider Kammern getreten, zu welcher jede drei Mitglieder gewählt hatte. Nachdem diese Kommission nun ein Jahr in Funktion gewesen war, erstattete sie den Kammern ihren Bericht dahin, daß das Gesetz ihr nicht die ausreichenden Mittel gewähre, weder die Geschäftsführung noch die Operationen der Hauptverwaltung der Staatsschulden in geeigneter Weise zu beaufsichtigen. Sie beantragte deßhalb zu jenem Gesetze die Bestimmung hinzuzufügen, „daß eines ihrer Mitglieder den Sitzungen der Hauptverwaltung der Staatsschulden beiwohnen und daß diese Verwaltung gehalten sein solle, die Concepte aller ihrer Verfügungen der Staatsschuldenkommission vorzulegen."

Die Budgetkommission der zweiten Kammer, an welche dieser Bericht verwiesen war, schlug der Kammer vor, diese Anträge abzulehnen. Es gelang uns nur mit großer Mühe einen solchen für den Staatskredit gefährlichen Beschluß dadurch zu verhindern, daß wir den Bericht der Staatsschuldenkommission zu nochmaliger Berichterstattung an die Kommission zurückverwiesen.

Die Resultate der zweiten Berichterstattung und Debatten fielen indeß noch schlimmer aus, als die der ersten. Was wir hatten verhüten wollen, geschah dennoch. Die Kammer lehnte die Anträge der Staatsschuldenkommission ab. Zwei Mitglieder derselben, welche unserer Partei angehören, die Herren Pochhammer und Kühne, legten darauf ein Mandat nieder, welchem sie nach bestem Wissen und Gewissen nicht hatten gerecht werden können. —

Als die Regierung zur Regulirung der Danziger Schuld, die Summe von 1,500,000 Thlr. forderte, bewilligte die Majorität diese Summe, obwohl unsrerseits nachgewiesen wurde, daß die dafür aufzukaufenden Danziger Obligationen nur einen wirklichen Werth von höchstens einer Million darstellten; ein Beschluß, welchem die erste Kammer glücklicher Weise nicht beigetreten ist. —

Die Grundlage des Einflusses, welchen die Vertretung des Volkes der ausgedehnten Macht der Exekutivgewalt gegenüber zu stellen vermag, ist das Recht der Steuerbewilligung. Dieses Recht ist nach unserer Verfassung auf die Bewilligung neuer Steuern beschränkt. Die preußischen Kammern können darum nur selten in die Lage kommen, dieses Recht zu üben. Sie haben deshalb eine um so ernstere Verpflichtung, dasselbe mit Sorgfalt und Umsicht zu üben.

Die gegenwärtige Session gab Gelegenheit von diesem Recht Gebrauch zu machen. Die Regierung war durch den Zustand des Staatshaushaltes auf die Erhöhung des Steuerertrages hingewiesen, sie hoffte diese durch eine Einkommensteuer zu erreichen.

Wir hießen das Prinzip dieses Gesetzes willkommen, denn wir hatten längst darnach gestrebt, eine Besteuerung herzustellen, welche nach der Steuerkraft der Verpflichteten abgemessen ist. Diesen Grundsatz schleunig zu realisiren war um so nothwendiger, als das Wahlgesetz für die Volksvertretung wie für die Vertretung der Gemeinden das Wahlrecht je nach dem Steuerquantum erweitert oder beschränkt. Dieses Wahlrecht wie bisher noch länger nach dem Maßstabe vertheilt zu lassen, was Jeder bezahlen müsse, wenn er nach seinem Vermögen Steuern zahlte, war vollkommen widersinnig.

In der vorigen Session hatte die zweite Kammer bereits ein Gesetz beschlossen, welches jenen Grundsatz rein durchführte und die bestehenden direkten und indirekten Steuern, d. h. die Klassen=, so wie die Mahl= und Schlachtsteuer aufhob. Das Gesetz war damals an dem Widerspruch der ersten Kammer gescheitert.

Unter wesentlicher Berücksichtigung der Gründe, welche in der ersten Kammer gegen dieses Gesetz geltend gemacht worden waren, brachte die Regierung in dieser Session einen neuen Entwurf einer klassifizirten Einkommensteuer ein.

Nach diesem Vorschlage blieb die Schlacht= und Mahlsteuer für die Städte bestehen, wie die frühere Klassensteuer für das Land bis zu einem Einkommen von 1000 Thalern. Darüber hinaus sollen in Stadt und Land nach bestimmter Stufenfolge drei Prozent vom Hundert von allen Einkommen erhoben werden.

Wir verkannten die Ueberlastung der Städte nicht, welche

dadurch herbeigeführt wurde, wir verkannten nicht, um wie viel reiner und besser die Grundsätze einer Einkommensteuer in dem vorjährigen Gesetz enthalten gewesen waren, dennoch gaben wir unsere Zustimmung, um eine alte Forderung der Gerechtigkeit zu erfüllen und die wohlhabenden Klassen stärker zu den Staatslasten heranzuziehen.

Indeß finden alle, auch die richtigsten Principien, ihre Prüfung erst in der Anwendung und Erfahrung. Da der Mehrertrag der neuen Steuer durchaus nicht zu übersehen war, da ihre Wirkungen auf die materiellen Interessen des Landes nicht im Voraus berechnet werden konnten, da das Fortbestehen der Schlacht- und Mahlsteuer ein unleugbarer Uebelstand war, da wir endlich das geringe Steuerbewilligungsrecht, welches den Kammern zusteht, durch eine in ihren Folgen erfahrungmäßig noch nicht erprobte, aber in ihrem Ertrage unzweifelhaft jährlich anwachsende Steuer nicht für alle Zukunft aus der Hand geben durften, so hielten wir uns verpflichtet, die neue Steuer nur auf anderthalb Jahr zu bewilligen.

Nach Ablauf dieser Zeit sollte indeß das angenommene Princip der Besteuerung keinesweges wieder in Frage gestellt werden; nur sollte der Ertrag dieser Steuer, falls eine neue Bewilligung durch die Kammern bis dahin nicht eingetreten sei, auf den Ertrag der gegenwärtigen Klassensteuer herabgesetzt und dies durch verhältnißmäßige Herabsetzung der Steuersätze zunächst zu Gunsten der ärmeren Klassen erzielt werden.

Wir glaubten mit diesem Antrage alle Rücksichten der Loyalität gegen die Regierung, welche nach Art. 109 („die bestehenden Steuern werden forterhoben") ein Recht auf den gegenwärtigen Steuerbetrag zu haben behauptet, genug gethan und die Rücksichten auf die künftige Volksvertretung wie auf die Rechte und vor Allem auf die materiellen Interessen des Landes nicht außer Augen gesetzt zu haben.

Dennoch erhielten wir eine schwache Majorität erst dann, als wir die Verlängerung des Termins der Reduction auf den gegenwärtigen Betrag vom 1. Januar 1853 bis zum 1. Januar 1855 zugaben.

Auch in dieser milden Form hat die erste Kammer den Beschluß der zweiten verworfen und der Regierung diese Steuer, deren Ertrag voraussichtlich die Summe von 3—4 Millionen schon in den nächsten Jahren überschreiten wird, für alle Zeiten bewilligt. Die Majorität der zweiten Kammer ist dann wie gewöhnlich den Beschlüssen der ersten beigetreten.

Der Grund, welcher einige Mitglieder der zweiten Kammer dem Beschlusse der ersten beizutreten bewog, war die Besorgniß, durch das Beharren auf dem früheren Votum, die Realisirung des Gesetzes überhaupt zu gefährden. Diese Besorgniß war unbegründet. Die Regierung bedurfte sehr dringend einer erhöhten Einnahme und es handelte sich nur um ein Veto der zweiten Kammer. Blieb diese bei dem Beschlusse stehen, die Steuer nur bis zum 1. Januar 1855 zu bewilligen, so hatte die Regierung ungeachtet des Beschlusses der ersten Kammer kein Recht die Steuer über diesen Termin hinaus zu erheben. Es mußte dann im Jahre 1854 für eine neue Vereinbarung gesorgt werden. —

Die Herabsetzung der Besteuerung des Ertrages der Bergwerke vom Zehnten auf den Zwanzigsten wird für den Bergbau von wohlthätigen Folgen sein. Es ist mit diesem Gesetz wenigstens der Anfang gemacht, die gesunden Grundsätze der Volkswirthschaft zur Anerkennung zu bringen, welche die Gewinnung der Rohstoffe, wie der unentbehrlichen Fabrikationsmittel zu besteuern verbieten.

Ebenso bereitwillig haben wir dem Berggesetz unsere Zustimmung gegeben, obwohl wir die durchgreifende Aenderung des bisherigen Systems für nothwendig halten, weil es dennoch geeignet erscheint, sogleich manches Hinderniß für den privaten Betrieb des Bergbaues aus dem Wege zu räumen. —

Der Erweiterung und Besserung der Verkehrswege des Landes, dem Bau von Eisenbahnen und Chausseen, der Regulirung der Oder haben wir alle Anregung gegeben, welche die Rücksicht auf die schwierige Finanzlage des Staates irgend gestattete.

Wir haben endlich eine alte Schuld des preußischen Staates abzutragen gesucht. Schon in der vorigen Session hatte der Abgeordnete Harkort die bessere Versorgung der invaliden und erwerbsunfähigen Krieger beantragt. Wir haben der Regierung zu diesem Behufe eine jährliche Summe zur Verfügung gestellt, welche wenigstens dem dringendsten Bedürfniß abhelfen wird.

Das in der vorigen Session verheißene Grundsteuergesetz ist von der Regierung nicht vorgelegt worden.

Das sind die Resultate einer Session von fünf Monaten. Wie in der auswärtigen war es in der innern Politik die Partei des Centrums, welche dem Ministerium die Majorität gab, welche demselben über die Verletzungen und willkürlichen Auslegungen der Verfassung, über die Mißachtung gesetzlicher Vorschriften und die Verkennung wichtiger finanzieller Interessen des Landes durch einfache oder motivirte Tagesordnungen hinweghalf, welche die Bestimmungen der neuen Gesetze meist ohne Rücksicht auf die Verfassung votirte, wie es das Ministerium verlangte.

Die Nachgiebigkeit dieser Partei hat es dahin gebracht, sogar den Schwerpunkt der Volksvertretung, welcher in der zweiten Kammer liegt, zu verrücken und in die erste zu verlegen. Fast in allen wichtigen Fragen, selbst in den finanziellen, hat die erste Kammer in dieser Session den Ausschlag gegeben, weil sie gewiß war, daß die Majorität der zweiten ihr schließlich beitreten werde.

Wir haben nach außen hin die alten Errungenschaften preußischer Ehre und preußischen Ruhmes dem Lande zu erhalten gesucht, wir haben darauf gedrungen, daß Preußen die Stelle in Deutschland einnähme und nöthigenfalls mit den Waffen behaupte, auf welche es angewiesen ist und ohne welche seine Geltung als selbstständige Großmacht niemals gesichert sein wird.

Wir haben nach innen den glücklich gewonnenen Rechtsboden der Verfassung gegen die immer höher fluthenden Wogen einer kurzsichtigen und verblendeten Reaction mit Aufbietung aller Kraft zu vertheidigen gesucht, wir sind nicht ermüdet, die Bestimmungen der Gesetze wie ihre Handhabung an den Grundsätzen der Verfassung zu messen, um dadurch die Vorschriften des Grundgesetzes zur wirklichen und wahren Grundlage unseres Staatslebens zu machen.

Wir sind der Meinung, daß nur die loyale Aufrechthaltung und Durchführung der Verfassung unsern Staat vor künftigen Stürmen bewahren, daß dadurch allein der Sinn für Gesetz und Recht, für Ehre und Treue dem Volke eingepflanzt werden könne. Wir glauben, daß die verfassungsmäßige Entwickelung Preußens nach den Einbußen, welche Preußen seit dem November vorigen Jahres an Ansehen und Achtung des Auslandes erlitten, für die Zukunft der einzig übrig gebliebene Weg sei, um die Macht Preußens in Deutschland wieder aufzurichten. —

Die ganze Session war für uns nichts als eine Reihe von Nieterlagen, nur in sehr seltenen Ausnahmen ist unsere Ansicht zur Geltung gekommen. Dennoch haben wir unverdrossen gekämpft. Wir konnten den Sieg nicht in den Abstimmungen, wir mußten ihn in der Debatte suchen. Es handelte sich darum, jede Theilnahme und jede Mitschuld an Beschlüssen abzulehnen, welche uns schadenbringend und für das Land verderblich erschienen, wir hatten den Gegnern wie den Nachgiebigen durch das volle Gewicht der Gründe des Rechts und der Vernunft, wenn wir sie nicht zu überzeugen vermochten, doch die ganze Schwere der Verantwortung ans Herz zu legen, wir hatten vor dem Lande Zeugniß abzulegen von unserer Gesinnung und unseren Grundsätzen. Wir hatten endlich nicht blos danach zu fragen, was wir erreichten, sondern danach, was wir durch unsere Anwesenheit, durch das Gewicht unserer Stimmen verhinderten.

Den Kampf aufgeben, weil die Macht nicht bei uns war, weil wir die Minorität und nicht die Majorität waren, weil unsere Anstrengungen augenblicklich ohne Erfolg blieben, das hätte geheißen an der Zukunft Preußens verzweifeln. Wir hätten damit ausgesprochen, daß das preußische Volk nach unserer Ansicht überhaupt unfähig sei, sich durch die parlamentarischen Formen zu einem geordneten Rechtsstaat und zu verfassungsmäßiger Freiheit emporzuarbeiten.

Wir sind gewiß, daß diese Session nicht ohne wohlthätige Folgen bleiben wird. Die Parteien haben sich klarer gesondert als zuvor, ihre Tendenzen und ihr Charakter ist schärfer hervorgetreten und für jedes Auge erkennbar geworden. Das Land wird in Zukunft wissen, auf welcher Seite es die Freunde preußischer Ehre und Macht, wo es die aufrichtigen Freunde seiner Verfassung zu suchen hat. Wir dürfen seinem Urtheil ruhig entgegen sehen.

Druck von Eduard Krause in Berlin.

www.ingramcontent.com/pod-product-compliance
Lightning Source LLC
LaVergne TN
LVHW091731021026
849161LV00003BB/563